Vous saviez que ma maman est Géniale?

Shelley Admont

Illustrations de Amy Foster

www.kidkiddos.com
Copyright©2014 by S.A.Publishing ©2017 by KidKiddos Books Ltd.
support@kidkiddos.com

All rights reserved. No part of this book may be reproduced in any form or by any electronic or mechanical means, including information storage and retrieval systems, without written permission from the publisher or author, except in the case of a reviewer, who may quote brief passages embodied in critical articles or in a review.

Tous droits réservés. Aucune reproduction de cet ouvrage, même partielle, quelque soit le procédé, impression, photocopie, microfilm ou autre, n'est autorisée sans la permission écrite de l'éditeur.

Second edition, 2019

Traduit de l'anglais par Sophie Troff

Library and Archives Canada Cataloguing in Publication

Did you know my mom is awesome? (French Edition)/ Shelley Admont

ISBN: 978-1-5259-1171-2 paperback

ISBN: 978-1-77268-522-0 hardcover

ISBN: 978-1-77268-153-6 eBook

Although the author and the publisher have made every effort to ensure the accuracy and completeness of information contained in this book, we assume no responsibility for errors, inaccuracies, omission, inconsistency, or consequences from such information.

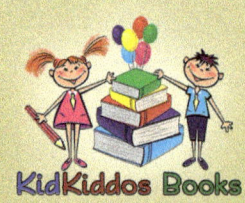

Pour ceux que j'aime le plus-S.A.

Vous saviez que ma maman est géniale ?
Eh bien c'est vrai ! Elle est intelligente et
drôle, forte et patiente, gentille et jolie —
bref, elle est incroyable.

– Bonjour mon rayon de soleil ! C'est l'heure de te lever ! me murmure-t-elle tendrement.

C'est comme ça que maman me réveille.

Elle me fait plein de bisous et de câlins, mais j'ai du mal à ouvrir mes yeux.
Alors je marmonne :
– Maman, je veux dormir. Encore un petit peu, s'il te plaît.

Alors elle me porte sur son dos jusqu'à la salle de bains. Elle est forte, ma maman.

Là, elle m'embrasse et me chatouille jusqu'à ce que j'éclate de rire.

Maman sourit. Elle est vraiment jolie. J'aime ses robes, ses chaussures et la façon dont elle se coiffe les cheveux.

Une lueur d'espoir dans les yeux, je lui demande :
– Tu peux me faire une coiffure spéciale aujourd'hui ? La tresse qu'on a vue à la télé hier, tu peux me la faire ?

Je sais qu'elle peut tout faire. Ma maman est géniale.

Même quand elle ne sait pas comment faire, elle essaye jusqu'à ce qu'elle réussisse. Elle n'abandonne jamais.

– Facile ! Viens par ici, elle me dit.

Ma maman tortille et entrelace mes cheveux jusqu'à ce qu'une tresse magnifique orne ma tête.

Je suis si heureuse d'aller en classe avec ma nouvelle coiffure. J'imagine déjà les réactions de mes amies. Je suis sûre qu'Amy va adorer.

Amy s'extasie :
– Trop cool ta coiffure ! J'ai vu la même à la télé hier ! Qui t'a fait ça ?

– Ma maman, je réponds fièrement.

– C'est une tresse française inversée ! annonce Amy au bout de quelques minutes. Avec un nœud !

J'entends les autres filles dire :
– C'est trop cool !
– Ça a l'air compliqué !
– Ça a sûrement demandé un temps fou !
– Tu peux demander à ta maman d'apprendre à la mienne à faire cette tresse ? me demande Amy.
– Bien sûr ! Elle...

Je suis coupée dans mon explication par la cloche qui sonne et l'arrivée de Monsieur Z. dans la classe.

– Nous allons étudier les fractions, dit Monsieur Z. en noircissant le tableau d'étranges signes.

Pourquoi c'est si compliqué ? Demi, tiers et quart... ma tête va exploser.
Je ne renonce pas ; je pose des questions, exactement comme ma maman le ferait.

Monsieur Z. explique une nouvelle fois, il nous montre une vidéo amusante sur les fractions.
– Maintenant, on va faire un jeu, annonce-t-il. On va trouver des fractions dans la classe.

Je comprends bien mieux les fractions désormais, mais je ne me sens pas encore à l'aise avec ces nombres bizarres.

À la récréation, Amy et moi, on rejoint notre endroit préféré pour jouer : la cage à écureuil. J'adore grimper et me suspendre tête en bas.

Mais aujourd'hui, en allant vers le portique, je m'accroche à un buisson et mon jean se déchire au genou.

Je suis au bord des larmes.

– C'est mon jean préféré. Regarde, il a un énorme trou.

Finalement, je rentre à la maison et maman revient du travail. Elle comprend toujours ce que je ressens.

– Tu as passé une bonne journée, ma chérie ? demande-t-elle, attentionnée. Elle me prend dans ses bras et continue à me poser des questions jusqu'à ce que je lui raconte tout.

Je lui parle de l'enfer des fractions, de mon jean déchiré et de ma boule au ventre.

Maman trouve toujours une solution à tous les problèmes.

– Tu préfères quel motif pour masquer le trou ? Un cœur ou une étoile ? dit-elle.

Évidemment, je choisis un gros cœur rose. Alors elle coud une pièce en forme de cœur sur mon jean déchiré, afin que personne ne remarque qu'il est troué. C'est pas cool, ça ?

– Oh, merci maman, je m'exclame joyeusement. Mon jean est trop classe maintenant. Viens, on coud un autre cœur ici !

Ensemble, nous confectionnons ma nouvelle tenue.

Nous cousons deux petits cœurs sur mon jean et un plus grand sur mon T-shirt.

– Regarde, maintenant tu as un nouveau jean et le T-shirt assorti, dit-elle.

– Maman, tu es mon héroïne, lui dis-je, en la serrant dans mes bras. Et là, on éclate de rire toutes les deux.

Puis elle m'entraîne dans la cuisine.

– C'est l'heure des douceurs. On va faire des cupcakes. Mais il va falloir utiliser des fractions pour les réussir.

– N'ai pas peur, dit doucement maman. On va les faire ensemble.

J'inspire à fond. Maman ouvre son grand livre de cuisine.

Je lis :
– Pour un cupcake, il faut un quart de tasse de farine.

– On va faire trois cupcakes, en comptant papa, dit maman. Il faut donc...
– Trois quarts de tasse de farine ! je m'exclame joyeusement.
C'est facile !

Le soir venu, Maman me met au lit, me borde dans ma couverture papillon et dit :
– Je t'aime, ma puce.
– Je t'aime, maman, je chuchote dans un grand bâillement, en fermant les yeux.

Je me réveille le lendemain matin parce que je sens des baisers tout doux sur ma joue et j'entends sa voix si gentille :

– Bonjour mon rayon de soleil ! C'est l'heure de te lever et de briller !

J'ai les yeux fermés, mais je la sens près de moi.

J'aime ma maman. Elle est géniale. Quand je serai grande, je veux être exactement comme elle !

Et devine quoi ? Ta maman est géniale, elle aussi. Fais-lui vite un gros câlin pour lui montrer à quel point elle est incroyable !

www.ingramcontent.com/pod-product-compliance
Lightning Source LLC
Chambersburg PA
CBHW061141070526
44584CB00033B/4382